孩童完全自救手冊

這時候… 你該怎麼辦？

大都會文化

孩童完全自救手冊

這時候…你該怎麼辦？

目次

序文 ·· 6

致父母和師長的一封信 ······· 8

第一章　在家的時候 ············ 9

遭小偷 ···································· 10

陌生人來訪 ···························· 12

有人對你性騷擾 ················· 14

找爸爸或媽媽的電話 ······ 16

接到騷擾電話 ······················· 18

水管破了 ································ 20

停電時 ·································· 24

插座著火了 ··························· 26

家裡失火了 ··························· 28

隔壁失火了 ··························· 32

瓦斯漏氣時 ··························· 34

第二章　在學校和上學放
　　　　學途中 ··················· 37

發現不明物體 ······················ 38

壞人跟你問路 ······················ 40

忘記帶便當 ··························· 42

忘記關火 ······························· 44

東西不見了 ··························· 46

生理期間 ······························· 48

有人勒索你 ··························· 54

被人跟蹤 ······························· 56

被壞人抓走 ··························· 58

第三章　外出的時候 ·········· 63

卡在電梯中 ··························· 64

有人硬要插隊 ······················ 66

有人騷擾你 …………………… 68

有人給你不明藥物 …………… 70

在商店中走失 ………………… 72

妹妹不見了 …………………… 74

尋找皮包 ……………………… 78

忘記帶錢包 …………………… 80

狗兒跑了 ……………………… 82

看見受傷的動物 ……………… 84

突然打雷 ……………………… 88

街上有人遊行 ………………… 90

第四章　急救和危機處理 …93

狗狗咬你 ……………………… 94

蜜蜂螫你 ……………………… 96

流鼻血 ………………………… 98

膝蓋擦傷 ……………………… 100

割傷手指 ……………………… 102

戳傷腳趾 ……………………… 104

手臂燒傷 ……………………… 106

化學藥品濺到眼睛 …………… 110

眼睛裡有異物 ………………… 112

牙齒斷了 ……………………… 114

頭部撞傷 ……………………… 116

背部摔傷 ……………………… 120

腳踝扭傷 ……………………… 122

骨折 …………………………… 124

誤食藥物 ……………………… 126

心臟病突發 …………………… 128

噎到喉嚨 ……………………… 130

溺水 …………………………… 134

地震 …………………………… 136

危機處理備忘錄 ……………… 138

緊急事故電話號碼 …………… 139

孩子們同學的電話號碼 ……… 140

醫藥急救供應藥品清單 ……… 141

序 文

　　災害預防及急難救助之應變能力，是現代社會中每個人應具備的知能，對於一個從未遭遇災害的人，是無法想像遇到災害時生死毫髮之間的無力感。

　　台灣地區隨著經濟的發展，雖然已邁入高度開發國家之列。但是意外災害在我們週遭環境經常會目睹其發生，其中有許多發生在充滿著童真 —— 未來國家主人翁身上，實在令人感到萬分婉惜。

　　在即將邁入二十一世紀的社會中，個人以為應該讓全民對災害預防及急難救助的常識普及化，安全教育更應往下紮根，讓未來主人翁從小就能夠熟悉並瞭解面臨危機的處理方法，懂得如何保護自己，甚至在危急的時候還能幫助他人，救人一命。

　　欣聞大都會文化事業有限公司，編著一系列有關孩童安全教育的「孩童完全自救手冊」，內容包括小朋友在日常生活中可能面臨的突發狀況，其處理步驟及急難救助方法，深入淺出，頗有教育價值。相信這套書付梓可以讓社會上關心孩童安全教育的人士，提供安全正確的急難救助資訊，共同使國家未來的主人翁，生活得更快樂，國家更有希望。

陸慧身

序　文

　　個人自從接下女警隊隊長職務以來，便不遺餘力的推行保護兒童安全與婦女援助的計劃。但由於社會快速的變遷、生活與消費的習慣日漸改變，工商業社會與以往農業社會的景況已不復相同。以往只可能發生在大人身上的一些意外與刑事案件，隨著社會的變化亦可能發生在孩童身上，因此完整的孩童安全教育是勢在必行的。

　　欣聞大都會文化事業有限公司，此次特地編著了一系列有關兒童安全教育的「孩童完全自救手冊」來幫助孩童學習如何獨立與應付父母不在身旁時所發生的危難，經由這系列書籍的幫助，孩童可以明確的知道危機處理的明確步驟，讓它們知道如何保護自己和幫助別人。其實不論大人或小孩都應有危機處理的常識，突發狀況發生時成人們都可能手忙腳亂，更何況是成熟度不及大人的小孩呢！所以只有靠著熟悉危機處理的步驟，並保持冷靜的態度，必能化險為夷。

致 父 母 和 師 長 的 一 封 信

　　還記得麥考利克金所主演的〝小鬼當家〞嗎？在孩子的成長過程中，常常會經歷許多我們無法預料的突發狀況。當我們不在他們身邊的時候，遇到了一些危險的狀況，他們該怎麼辦？在這個工商業的社會，早就應該有一套完整的危機處理手冊，來幫助孩子們學習如何化解日常生活中所面臨的突發狀況。

　　而我們出版孩童完全自救手冊 ── 「這時候，你該怎麼辦？」這一套書的主旨，正是針對在大人來協助之前，讓孩童學習自己解決問題，不僅可以讓他幫助自己，也可以幫助別人。除了正確的解決步驟外，我們更搭配有淺顯易懂的插畫，讓孩童能藉由生動的圖畫中，了解危機處理的方法。

　　當然，這套書不盡然可以完全蓋括所有的突發狀況和解決的辦法；但儘可能提供各種方法，至於如何運用則要看當事人的熟悉度和反應了！在你的協助之下，鼓勵孩子閱讀此書，在翻開書上方法之前，先思考孩子遇到情況會怎麼做？再叮嚀孩子應對的步驟和最重要先做的事，逐一核對孩子意見和書上的異同，然後選取適合你們家庭的狀況、孩子學校的情況、再搭配孩子成熟度和能力的解決方法。

　　本系列書籍還可製成相關課題，如針對身體所受到的各種傷害，可以製成急救週課題：包括鼓勵孩童檢查家裡和學校醫療設備、練習急救方式、製作成有關危險陌生人或火災逃救的課題。

　　除了七十多種解決方法之外，本書亦有危機處理備忘錄，從每日的小細節做起，使孩童在突遇狀況時，不至於手足無措，其單元亦包括了如何做一些簡單的急救處理。

　　孩童完全自救手冊的立意，是要小朋友能熟知危機處理方法，而當他們身陷危險情況時，腦中就會馬上浮現解決步驟，自然能化解危機，甚至救人一命。

大都會文化事業有限公司
總經理
林敬彬　　敬上

8

第ㄉㄧˋ一一ˊ章ㄓㄤ
在ㄗㄞˋ家ㄐㄧㄚ的ㄉㄜˋ時ㄕˊ候ㄏㄡˋ

9

遭(ㄗㄠ) 小(ㄒㄧㄠˇ) 偷(ㄊㄡ)

當(ㄉㄤ)你(ㄋㄧˇ)打(ㄉㄚˇ)完(ㄨㄢˊ)球(ㄑㄧㄡˊ)回(ㄏㄨㄟˊ)來(ㄌㄞˊ)， 發(ㄈㄚ)現(ㄒㄧㄢˋ)家(ㄐㄧㄚ)裡(ㄌㄧˇ)門(ㄇㄣˊ)開(ㄎㄞ)著(ㄓㄜ)， 你(ㄋㄧˇ)知(ㄓ)道(ㄉㄠˋ)這(ㄓㄜˋ)時(ㄕˊ)候(ㄏㄡˋ)沒(ㄇㄟˊ)人(ㄖㄣˊ)在(ㄗㄞˋ)家(ㄐㄧㄚ)， 所(ㄙㄨㄛˇ)以(ㄧˇ)家(ㄐㄧㄚ)裡(ㄌㄧˇ)有(ㄧㄡˇ)可(ㄎㄜˇ)能(ㄋㄥˊ)遭(ㄗㄠ)小(ㄒㄧㄠˇ)偷(ㄊㄡ)了(ㄌㄜ)。 這(ㄓㄜˋ)時(ㄕˊ)候(ㄏㄡˋ)， 你(ㄋㄧˇ)該(ㄍㄞ)怎(ㄗㄣˇ)麼(ㄇㄜ)辦(ㄅㄢˋ)？

1. 千萬不要進去，小偷可能還在裡面。
2. 趕快跑到鄰居家請他們幫忙打110報警。
3. 如果發現旁邊有可疑車輛，把它的車牌號碼和特徵記下來告訴大人。

11

陌[ㄇㄛˋ]生[ㄕㄥ]人[ㄖㄣˊ]來[ㄌㄞˊ]訪[ㄈㄤˇ]

當[ㄉㄤ]你[ㄋㄧˇ]獨[ㄉㄨˊ]自[ㄗˋ]一[ㄧ]個[ㄍㄜˋ]人[ㄖㄣˊ]在[ㄗㄞˋ]家[ㄐㄧㄚ]， 突[ㄊㄨˊ]然[ㄖㄢˊ]有[ㄧㄡˇ]陌[ㄇㄛˋ]生[ㄕㄥ]人[ㄖㄣˊ]來[ㄌㄞˊ]敲[ㄑㄧㄠ]門[ㄇㄣˊ]。 這[ㄓㄜˋ]時[ㄕˊ]候[ㄏㄡˋ]， 你[ㄋㄧˇ]該[ㄍㄞ]怎[ㄗㄣˇ]麼[ㄇㄜ˙]辦[ㄅㄢˋ]？

1. 不要開門，把門鎖好。

2. 問他是誰，且讓他知道有其它人在家。

3. 不要告訴他任何事，尤其是當只有你一個人在家時，就說爸爸媽媽在忙，沒空來開門，請他下次再來。

4. 如果他還不離開，你可以打電話給鄰居或報警。

有人對你性騷擾

你一個人在家，有一個爸爸的朋友來拜訪，因為你認識他，所以開門讓他進來，當你和他說話時，他竟開始碰你的私處。這時候，你該怎麼辦？

14

1　堅決的告訴他，　請他拿開他的手。

2　請他馬上離開。

3　如果他還不離開，　趕快離開家裏到熟識的鄰居家，　並打電話告訴父母。

4　事後告訴父母當時發生的事。

5　以後當你一個人在家時，　絕對不允許他再進來。

15

找爸爸或媽媽的電話

你一個人在家時，有一個你不認識的人，打電話要找爸爸或媽媽。這時候，你該怎麼辦？

1 不要讓那個人知道只有你一個人在家。

2 告訴他，媽媽現在不方便來接電話，請他留言。

3 如果他堅持一定要爸媽來聽電話，你只好跟他說：很抱歉，但媽媽真的不方便接聽，並請他以後再打來。

4 確實寫下日期、時間、他的姓名、電話和留言。

17

接到騷擾電話

你正要睡覺，電話響了，你接起來才知道是騷擾電話，他不只講髒話還說了很多猥褻低級的話。

這時候，你該怎麼辦？

18

1. 馬上掛斷，不要回答他。
2. 不要告訴他你是誰，住在哪裡。
3. 趕快告訴大人。
4. 如果只有你一個人在家，他又再打來，就馬上報警。
5. 如果他一直打來，把日期、時間記下來，通知電信局，並可做為警方的參考資料。

19

水管破了

當你做完運動回家，到廚房找水喝時，卻發現廚房地板有好多灘水，你想應該是水管破了。這時候，你該怎麼辦？

20

1 因ㄧㄣ為ㄨㄟˊ水ㄕㄨㄟˇ會ㄏㄨㄟˋ導ㄉㄠˇ電ㄉㄧㄢˋ，所ㄙㄨㄛˇ以ㄧˇ當ㄉㄤ你ㄋㄧˇ站ㄓㄢˋ在ㄗㄞˋ潮ㄔㄠˊ濕ㄕ的ㄉㄜˊ廚ㄔㄨˊ房ㄈㄤˊ地ㄉㄧˋ板ㄅㄢˇ上ㄕㄤˋ，不ㄅㄨˊ要ㄧㄠˋ打ㄉㄚˇ開ㄎㄞ任ㄖㄣˋ何ㄏㄜˊ電ㄉㄧㄢˋ源ㄩㄢˊ開ㄎㄞ關ㄍㄨㄢ，如ㄖㄨˊ果ㄍㄨㄛˇ廚ㄔㄨˊ房ㄈㄤˊ很ㄏㄣˇ黑ㄏㄟ，可ㄎㄜˇ以ㄧˇ用ㄩㄥˋ手ㄕㄡˇ電ㄉㄧㄢˋ筒ㄊㄨㄥˇ。

2 趴ㄆㄚ到ㄉㄠˋ水ㄕㄨㄟˇ槽ㄘㄠˊ下ㄒㄧㄚˋ面ㄇㄧㄢˋ看ㄎㄢˋ看ㄎㄢˋ水ㄕㄨㄟˇ管ㄍㄨㄢˇ破ㄆㄛˋ洞ㄉㄨㄥˋ在ㄗㄞˋ哪ㄋㄚˇ裡ㄌㄧˇ，然ㄖㄢˊ後ㄏㄡˋ再ㄗㄞˋ把ㄅㄚˇ自ㄗˋ來ㄌㄞˊ水ㄕㄨㄟˇ的ㄉㄜˊ總ㄗㄨㄥˇ開ㄎㄞ關ㄍㄨㄢ關ㄍㄨㄢ起ㄑㄧˇ來ㄌㄞˊ。

③ 如果破洞是在總開關的上面， 把開關朝順時鐘方向轉緊直到水不再流為止。 （請看危機處理備忘錄）。

④ 如果破洞是在總開關下面， 打電話給大樓管理員或是請鄰居幫忙關水。

5 拿幾條抹布放在廚房門口，以免地毯或木頭地板被弄濕。

6 用拖把或海綿和水桶把水吸起來。

7 打電話告訴爸媽，請他們叫水電工人來修水管。

停電時

晚上爸爸媽媽有事出去，你的同學來陪你，家裡突然停電，房間裡黑漆漆的。這時候，你該怎麼辦？

24

1. 如果只有你家沒電，那可能是保險絲燒壞了或是跳電。

2. 留在家裡較亮的地方，譬如：窗戶旁邊……等。

3. 不要想自己換保險絲或是開變電器，等爸爸媽媽回來再說。

4. 如果整條街都黑黑的，那就一定是停電了。

5. 電還沒來之前，可以打開手電筒，記得要在家裡多放幾個手電筒以備不時之需，如沒有必要千萬不要自己點蠟燭或火柴。

6. 列下三個你可以在停電時玩的安全遊戲。

插座著火了

當你在烤麵包時，
突然插座裡藍光一閃，
冒出黑煙，
你想是插座燒壞了。
這時候，你該怎辦？

26

1. 把烤箱開關關起來。
2. 如果安全的話，把插頭拔起來。
3. 用滅火器滅火，如果火滅了，就離開廚房，把門關上並且打119請消防隊伯伯來看看現場。
4. 如果火越來越大不要緊張，趕快離開廚房，跑到屋外並請鄰居協助處理或打119給消防隊並把你家住址跟消防伯伯說清楚。
5. 廚房內的電器用品，如：微波爐、烤箱、電鍋……等，皆是耗電量大且功率非常高，不應將它們的插頭同時插在同一插座上，否則容易造成電力跳脫或發生危險。

家裡失火了

睡夢中，你被濃煙嗆醒，眼睛熱得張不開，又被濃煙嗆得一直咳嗽，你大叫卻沒人回答，每個人都還在睡覺。這時候，你該怎辦？

1. 大聲把每個人叫起來。

2. 慢慢摸到房門口， 先試試門把溫度再把門打開， 如果太熱， 就不要開。

3. 如果你可以從房門口看到火苗， 千萬不要出去， 把房門關起來。

4. 如果你在一樓， 趕快從窗戶爬出去。

5. 如果你不在一樓， 待在房間等待救援。

6　把毛巾、衣服或床單塞在門縫，以防濃煙跑進來。

7　如果你房間有電話，趕快打119報警。

8　站在窗戶旁邊，這樣消防伯伯才容易找到你。

9　如果門不很熱，也沒看到火苗，趕快離開。

30

⑩ 如果有很濃的煙，用手帕、圍巾或T恤圍住你的鼻子和嘴巴，再將衣服或棉被打濕裹在身上，降低姿勢貼著地面爬行，然後爬到最近的出口。

⑪ 當你平安逃到外面，趕快到你家人集合的地方，並請人去打119報警。

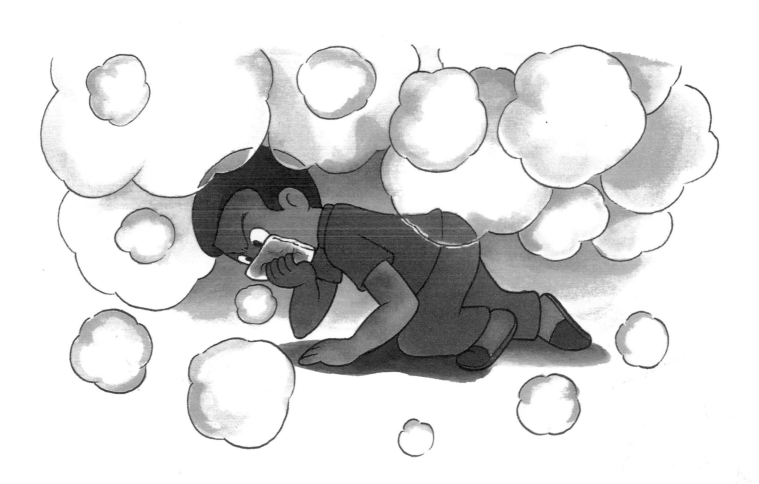

隔壁失火了

你獨自在家，聽到劈劈啪啪聲和燒焦味，你往窗戶外面看，發現隔壁失火了。這時候，你該怎麼辦？

32

1. 打 119 報警，報上鄰居家正確住址，如果不確定，報上你家住址，等消防隊到這條街上會很容易發現失火地點。

2. 打電話通知你隔壁鄰居或在屋外大聲告訴他們。

3. 一旦消防伯伯到達，告訴他們你所知道的情況，隔壁家裡有幾個人〝在哪工作？幾點回來？〞有沒有可能還有人或動物困在裡面。

33

瓦斯漏氣時

作完功課後，你覺得有點餓，便到廚房找東西吃，卻聞到瓦斯味，你發現氣味是從爐子發出來的，因為開關是關著的，可能是瓦斯漏氣了。這時候，你該怎麼辦？

1. 不要動電源開關或點火柴， 否則會引爆失火。

2. 趕快打開窗戶， 讓瓦斯散開。

3. 把廚房的門關起來。

4. 打電話通知瓦斯公司或 119 請消防隊來處理。

5. 通知爸媽家裡瓦斯漏氣。

6. 更要定期用肥皂水檢查瓦斯是否漏氣， 瓦斯筒不可倒放或平放， 更不可放在時常有太陽曝曬的地方。

35

第二章
在學校和上學放學途中

發現不明物品

上學途中，你經過學校附近的商店，發現在一台摩托車上有一個盒子，而盒子上面有些奇怪的電線、電池，好多小朋友都在討論要不要帶到學校交給老師？ 這時候，你該怎麼辦？

38

1. 叫所有小朋友離開那個盒子遠一點，不要好奇想打開來看看。

2. 絕對不可以搬動那個盒子，在未確定它到底是什麼物品前，它也許會讓你受傷。

3. 叫小朋友趕快到學校去上課，到學校後向老師報告這件事。

4. 叫路過的大人打110請警察伯伯來處理。

39

壞人跟你問路

在你走路去學校的路上，有一輛車停下來向你問路，你不回答，他竟要你上車帶他去或陪他一起找。這時候，你該怎麼辦？

XY123

40

1. 趕快跑開， 不要理他， 盡量離車子遠一點。

2. 抄下他的車牌號碼、 顏色和車種， 到學校時報告老師。

3. 如果他一直跟著你， 趕快跑到一間最近的房子， 敲門告訴他有人在跟蹤你， 請他讓你進去打 110 電話報警。

4. 除非確定他已經離開， 否則就先待在屋內， 這樣才會比較安全。

忘ㄨㄤˋ記ㄐㄧˋ帶ㄉㄞˋ便ㄅㄧㄢˋ當ㄉㄤ

你ㄋㄧˇ到ㄉㄠˋ學ㄒㄩㄝˊ校ㄒㄧㄠˋ才ㄘㄞˊ發ㄈㄚ現ㄒㄧㄢˋ忘ㄨㄤˋ記ㄐㄧˋ帶ㄉㄞˋ便ㄅㄧㄢˋ當ㄉㄤ， 爸ㄅㄚˋ媽ㄇㄚ去ㄑㄩˋ上ㄕㄤˋ班ㄅㄢ， 你ㄋㄧˇ又ㄧㄡˋ沒ㄇㄟˊ有ㄧㄡˇ足ㄗㄨˊ夠ㄍㄡˋ的ㄉㄜ˙錢ㄑㄧㄢˊ買ㄇㄞˇ麵ㄇㄧㄢˋ包ㄅㄠ！ 這ㄓㄜˋ時ㄕˊ候ㄏㄡˋ， 你ㄋㄧˇ該ㄍㄞ怎ㄗㄣˇ麼ㄇㄜ˙辦ㄅㄢˋ？

1 打(ㄉㄚˇ)電(ㄉㄧㄢˋ)話(ㄏㄨㄚˋ)告(ㄍㄠˋ)訴(ㄙㄨˋ)爸(ㄅㄚˋ)爸(ㄅㄚˋ)媽(ㄇㄚ)媽(ㄇㄚ)，請(ㄑㄧㄥˇ)他(ㄊㄚ)們(ㄇㄣˊ)帶(ㄉㄞˋ)便(ㄅㄧㄢˋ)當(ㄉㄤ)給(ㄍㄟˇ)你(ㄋㄧˇ)。

2 如(ㄖㄨˊ)果(ㄍㄨㄛˇ)找(ㄓㄠˇ)不(ㄅㄨˋ)到(ㄉㄠˋ)爸(ㄅㄚˋ)爸(ㄅㄚˋ)媽(ㄇㄚ)媽(ㄇㄚ)，就(ㄐㄧㄡˋ)到(ㄉㄠˋ)辦(ㄅㄢˋ)公(ㄍㄨㄥ)室(ㄕˋ)跟(ㄍㄣ)老(ㄌㄠˇ)師(ㄕ)借(ㄐㄧㄝˋ)錢(ㄑㄧㄢˊ)，然(ㄖㄢˊ)後(ㄏㄡˋ)到(ㄉㄠˋ)合(ㄏㄜˊ)作(ㄗㄨㄛˋ)社(ㄕㄜˋ)買(ㄇㄞˇ)牛(ㄋㄧㄡˊ)奶(ㄋㄞˇ)與(ㄩˇ)麵(ㄇㄧㄢˋ)包(ㄅㄠ)。

3 事(ㄕˋ)後(ㄏㄡˋ)要(ㄧㄠˋ)記(ㄐㄧˋ)得(ㄉㄜˊ)儘(ㄐㄧㄣˇ)快(ㄎㄨㄞˋ)還(ㄏㄨㄢˊ)錢(ㄑㄧㄢˊ)給(ㄍㄟˇ)老(ㄌㄠˇ)師(ㄕ)。

忘ㄨㄤˋ記ㄐㄧˋ關ㄍㄨㄢ火ㄏㄨㄛˇ

到ㄉㄠˋ教ㄐㄧㄠˋ室ㄕˋ你ㄋㄧˇ才ㄘㄞˊ想ㄒㄧㄤˇ起ㄑㄧˇ， 你ㄋㄧˇ忘ㄨㄤˋ記ㄐㄧˋ關ㄍㄨㄢ爐ㄌㄨˊ子ㄗ上ㄕㄤˋ的ㄉㄜ˙火ㄏㄨㄛˇ， 打ㄉㄚˇ電ㄉㄧㄢˋ話ㄏㄨㄚˋ回ㄏㄨㄟˊ家ㄐㄧㄚ卻ㄑㄩㄝˋ沒ㄇㄟˊ人ㄖㄣˊ在ㄗㄞˋ。 這ㄓㄜˋ時ㄕˊ候ㄏㄡˋ， 你ㄋㄧˇ該ㄍㄞ怎ㄗㄣˇ麼ㄇㄜ˙辦ㄅㄢˋ？

1 打電話請有你家鑰匙的親戚（例如：祖父、祖母）去關火。

2 請學校老師通知你的爸媽。

3 如果打電話找不到爸爸媽媽，而祖父母也不在家時；假如鄰居那邊有你們家的鑰匙，可以請他去幫你關火。

45

東西不見了

上廁所回來，你發現抽屜內的電子遊戲機不見了！這時候，你該怎麼辦？

1. 問旁邊同學有沒有看到誰來動你的抽屜。

2. 報告老師你丟了遊戲機，請他（她）幫你問問其他同學有沒有看到，如果有人拿了你的東西，只要默默放回抽屜你不會追問。

3. 如果下次你帶貴重物品去學校，下課時間就先寄放在老師那裏。

4. 切記自己的珍貴物品盡量不要帶到學校去。

生理期間

在學校上廁所時，妳的月經突然來了，但是妳沒帶衛生用品。這時候，妳該怎麼辦？

48

1 告訴老師妳要去保健室，護士阿姨會幫助妳。

2 如果妳的衣服弄髒了，請媽媽帶換洗衣服給妳。

3 為了避免下次有這種突發狀況，在妳私人記事本裡記下日期，順便數數下次週期，這樣可以提醒妳下次來之前要提前準備。

4 如果妳的週期不固定，記得隨身攜帶衛生用品以備不時之需。

49

發現不明藥丸

下課時間你在溜滑梯旁發現一袋藥丸。這時候，你該怎麼辦？

1. 不要打開它。
2. 不要拿來吃吃看。
3. 不要把藥丸藏起來， 要馬上交給老師。
4. 說明你何時何地找到這袋藥丸的。

陌生人和你搭訕

你一個人走路去學校，有個陌生人走來告訴你說你媽媽被車撞了，現在在醫院裡，他要載你去看媽媽。這時候，你該怎麼辦？

1. 不要跟他走， 可能他是騙你的。
2. 記下那個人的臉部特徵和他車牌號碼再告訴警察伯伯。
3. 趕快跑到前面人較多的地方。
4. 當你到達學校， 馬上報告學校老師。
5. 打電話回家或辦公室確定媽媽沒事。

53

有人勒索你

有高年級學生在廁所圍住你，
威脅要你給他你的零用錢，
不然他就要揍你。

這時候，你該怎麼辦？

1. 如果有老師或其他大人經過，大聲叫救命。

2. 如果沒有人在旁邊，不要理他，更不要給他錢，不然你給他一次，他以後會一再勒索你。

3. 如果他拿走你的錢，趕快到辦公室報告老師，描述他的特徵、長相、衣服顏色、高矮、胖瘦、學號，這樣才容易找到他。

4. 回家後一定要跟爸爸媽媽報告這件事情。

被人跟蹤

自己一個人從學校回家途中，你發現自己被人跟蹤，你覺得很害怕。這時候，你該怎麼辦？

56

1 趕快跑到附近的商店或住家求救。

2 告訴那家的大人有人跟蹤你並請他幫你報警。

3 告訴警察伯伯那個人的長相、特徵、高矮、胖瘦、大約年齡。

4 下次回家時，盡量與同學一起離開。

57

被壞人抓走

當你一個人走在回家的路上時，　突然有一個很兇惡的人要強抓你上車。
這時候，　你該怎麼辦？

1. 大聲叫救命或大喊失火了！
2. 趕快跑到人多或熱鬧的地方，告訴附近商家或大人，請他們幫忙通知家人或報警。

59

3 萬一被抓上車，雖然你很害怕但千萬要鎮靜、不要吵鬧，以免激怒壞人而使你受到傷害。

4 注意壞人的長相、特徵、穿著及車牌號碼，並記住車子行經的地點及大目標建築物。

60

5 壞人也許會問你家裡的電話及父母姓名，儘量配合他的要求，使自己受傷害的機會降到最低。

6 切記！不要大吵大鬧，保持體力耐心等待爸爸媽媽及警察伯伯來救你。

61

第ㄉㄧˋ三ㄙㄢ章ㄓㄤ
外ㄨㄞˋ出ㄔㄨ的ㄉㄜ˙時ㄕˊ候ㄏㄡˋ

卡在電梯中

你一個人坐電梯要去七樓同學家玩，電梯卻故障不動了。這時候，你該怎麼辦？

1. 先等一下，再按關門鍵，然後再按七樓一次。

2. 如果電梯還是不動，馬上按紅色緊急鍵求救，警鈴一響就會有人來救你。

3. 如果沒有緊急鍵或警鈴，用力踏地板、拍門和牆壁大叫等人來救你。

4. 千萬不要試圖打開門爬出去，因為電梯隨時會起動上升或下降，會很危險。

有ㄧㄡˇ人ㄖㄣˊ硬ㄧㄥˋ要ㄧㄠˋ插ㄔㄚ隊ㄉㄨㄟˋ

你ㄋㄧˇ正ㄓㄥˋ在ㄗㄞˋ排ㄆㄞˊ隊ㄉㄨㄟˋ買ㄇㄞˇ電ㄉㄧㄢˋ影ㄧㄥˇ票ㄆㄧㄠˋ， 有ㄧㄡˇ一ㄧ個ㄍㄜˋ高ㄍㄠ年ㄋㄧㄢˊ級ㄐㄧˊ學ㄒㄩㄝˊ生ㄕㄥ想ㄒㄧㄤˇ插ㄔㄚ隊ㄉㄨㄟˋ， 你ㄋㄧˇ不ㄅㄨˋ讓ㄖㄤˋ他ㄊㄚ， 這ㄓㄜˋ時ㄕˊ候ㄏㄡˋ他ㄊㄚ竟ㄐㄧㄥˋ然ㄖㄢˊ推ㄊㄨㄟ你ㄋㄧˇ出ㄔㄨ去ㄑㄩˋ還ㄏㄞˊ想ㄒㄧㄤˇ打ㄉㄚˇ你ㄋㄧˇ。 這ㄓㄜˋ時ㄕˊ候ㄏㄡˋ， 你ㄋㄧˇ該ㄍㄞ怎ㄗㄣˇ麼ㄇㄜˋ辦ㄅㄢˋ？

1 不ㄅㄨ要ㄧㄠ推ㄊㄨㄟ回ㄏㄨㄟ去ㄑㄩ， 以ㄧ免ㄇㄧㄢ受ㄕㄡ到ㄉㄠ更ㄍㄥ大ㄉㄚ的ㄉㄜ傷ㄕㄤ害ㄏㄞ。
2 不ㄅㄨ要ㄧㄠ和ㄏㄜ他ㄊㄚ爭ㄓㄥ辯ㄅㄧㄢ， 到ㄉㄠ售ㄕㄡ票ㄆㄧㄠ辦ㄅㄢ公ㄍㄨㄥ室ㄕ或ㄏㄨㄛ大ㄉㄚ廳ㄊㄧㄥ去ㄑㄩ。
3 找ㄓㄠ戲ㄒㄧ院ㄩㄢ工ㄍㄨㄥ作ㄗㄨㄛ人ㄖㄣ員ㄩㄢ， 如ㄖㄨ： 售ㄕㄡ票ㄆㄧㄠ員ㄩㄢ、 查ㄔㄚ票ㄆㄧㄠ員ㄩㄢ、 帶ㄉㄞ位ㄨㄟ員ㄩㄢ或ㄏㄨㄛ經ㄐㄧㄥ理ㄌㄧ。
4 告ㄍㄠ訴ㄙㄨ他ㄊㄚ們ㄇㄣ有ㄧㄡ人ㄖㄣ插ㄔㄚ隊ㄉㄨㄟ、 還ㄏㄞ推ㄊㄨㄟ你ㄋㄧ， 請ㄑㄧㄥ他ㄊㄚ們ㄇㄣ處ㄔㄨ理ㄌㄧ。

67

有人騷擾你

你在電影院看電影，
坐你旁邊的男人，
卻把手放在你大腿上。
這時候，你該怎麼辦？

1. 把那人的手推開或叫他拿開，並立即離開原來座位。

2. 仔細記下那人的面孔。

3. 到入口處告訴帶位員或其他戲院工作人員，並請他們報警。

4. 描述他的長相、年齡、衣服和有沒有戴眼鏡，讓大人幫你處理。

69

有人給你不明藥物

你去公園打球，
遇到一群你們學校高年級學生，
其中一個給你不明藥物。
這時候，你該怎麼辦？

70

1. 說〝不〞，然後走開，千萬不要讓別人威脅你去做你認為錯的事。

2. 如果他們還一直糾纏你，你就跑去告訴警衛。

3. 回到家馬上告訴父母，請父母與老師聯絡，以避免再次發生這種情形。

在商店中走失

有一天下午，你們全家去超級市場購物，無意中你卻和家人走失了。這時候，你該怎麼辦？

72

1. 留在超級市場裡面，不要離開。
2. 找服務員或店經理，告訴他們，你和全家走散了，並請他們幫忙廣播。
3. 說清楚爸爸的名字。
4. 乖乖的跟服務員或店經理一起等爸媽來。
5. 向他們道謝。
6. 以後再去大型的商店時，一定要緊緊跟著大人走。

73

妹妹不見了

你和媽媽還有妹妹一起到百貨公司購物。媽媽去廁所，叫你看好妹妹，你和妹妹在逛玩具部，逛著逛著妹妹卻突然不見了。**這時候，你該怎麼辦？**

玩具部

74

1. 馬上告訴售貨員， 他會請警衛人員幫你尋找妹妹。
2. 告訴警衛人員， 妹妹多高、 幾歲、 長什麼樣子、 穿什麼衣服。
3. 不要離開玩具部， 等媽媽來找你。
4. 以後逛街時， 千萬不要隨便亂跑， 一定要聽從大人的指示。

75

尋找皮包

在百貨公司試穿衣服時，你不小心遺失媽媽給你的皮包，你找遍整個部門，就是沒看到，雖然沒有很多錢，但是所有的證件都在裏面。這時候，你該怎麼辦？

1. 到服務台告訴他們你遺失皮包。
2. 留下你的姓名、電話號碼和皮包的樣子，裏面有多少錢，有什麼證件。
3. 告訴售貨員你在這丟了錢包，請他（她）幫忙尋找。

下次記得要將貴重物品隨身保管好。

忘ㄨㄤˋ記ㄐㄧˋ帶ㄉㄞˋ錢ㄑㄧㄢˊ包ㄅㄠ

你ㄋㄧˇ在ㄗㄞˋ百ㄅㄞˇ貨ㄏㄨㄛˋ公ㄍㄨㄥ司ㄙ要ㄧㄠˋ買ㄇㄞˇ東ㄉㄨㄥ西ㄒㄧ時ㄕˊ，
卻ㄑㄩㄝˋ發ㄈㄚ現ㄒㄧㄢˋ你ㄋㄧˇ把ㄅㄚˇ錢ㄑㄧㄢˊ包ㄅㄠ留ㄌㄧㄡˊ在ㄗㄞˋ家ㄐㄧㄚ裡ㄌㄧˇ。
也ㄧㄝˇ沒ㄇㄟˊ有ㄧㄡˇ錢ㄑㄧㄢˊ坐ㄗㄨㄛˋ公ㄍㄨㄥ車ㄔㄜ回ㄏㄨㄟˊ家ㄐㄧㄚ，
這ㄓㄜˋ時ㄕˊ候ㄏㄡˋ，你ㄋㄧˇ該ㄍㄞ怎ㄗㄣˇ麼ㄇㄛ辦ㄅㄢˋ？

台北 ↔ 新店

1. 不要跟陌生人借錢。
2. 向警察或警衛借一塊錢打電話。
3. 如果你找不到警察或警衛，到服務台向店員說明你的情況，借打電話給爸媽請他們來接你。
4. 為了避免下次再有這種情形發生，記得在口袋多帶點零錢或是電話卡也可以。

79

計程車司機載你到你不認識的地方

你坐計程車去補習英文，但是司機卻開往另一條路，你覺得奇怪。這時候，你該怎麼辦？

80

1. 如果窗外不是你熟悉的景象，不要慌張，應該告訴司機目的地好像不是從這條路走。

2. 並藉口要買飲料或食物，請他靠路邊停，趕快下車到有人的地方。

3. 如果他還是繼續開，等紅燈車子停止時，便將車窗搖下，向路邊的車子大聲喊救命。

81

狗兒跑了

你帶狗狗出去散步，可是當牠看到另一隻很兇的大狗時，竟然太害怕，掙脫皮帶跑掉了。這時候，你該怎麼辦？

1. 不要追著狗狗跑。

2. 大聲叫狗狗名字，拍手或吹口哨吸引狗狗回來。

3. 如果你一定要跟著狗狗跑，要注意安全，小心馬路上車子。

4. 如果狗狗不回來，趕快跑回家，請爸爸或媽媽帶你沿路尋找，記得帶著狗狗最愛吃的東西。

5. 如果家裡沒有大人，可以請鄰居幫忙或事後聯絡流浪動物之家或環保局協助找尋。

注意

記得要在狗狗身上綁好皮帶，上面最好放一張名牌，寫清楚狗狗姓名、你家住址，這樣流浪動物之家或環保局才容易幫你找到狗狗。

看見受傷的動物

你和朋友走在路上，
看見一隻狗躺在人行道旁，
腳在流血，　你想牠是被車撞了。
這時候，　你該怎麼辦？

84

1 不要摸、抬或移動牠，更不要給牠食物或水。

2 檢查狗狗有沒有戴名牌。

85

3 如果你發現名牌，看上面主人的姓名、地址、電話，請你的同學立刻與他聯絡。

4 如果你找不到名牌或是聯絡不到主人，請你的同學打電話到保護動物協會。

86

5 告訴他們狗狗在哪裡、發生什麼事和你該怎麼辦。

6 讓你朋友去打電話，你留下來陪狗狗，如果太陽太大，記得幫牠遮陽。

7 要小心車子靠近，必要時，招手請他們繞道。

給寵物主人

一定要給你的貓咪或狗狗戴名牌，上面寫你的姓名、電話，這樣當你的貓咪或狗狗走失或是受傷了，才可以很快回到你的家。

中華民國世界聯合
保護動物協會　(02)3650923
流浪動物之家　(02)8010577

突然打雷

下午放學後，你和同學約在公園玩球，同學還沒來，天空卻突然出現閃電、打雷，然後開始下大雨，你也沒有帶雨傘或雨衣。這時候，你該怎麼辦？

88

1. 打雷是很危險的現象，當它發生時，地上最高的物體會被它擊中、燒焦。

2. 千萬不可躲在樹下或是金屬建築物旁邊，否則很容易被雷擊中。

3. 遠離天線或金屬竿，因為它們也很容易導電。

4. 如果打雷時，你正好在家，遠離金屬器具，尤其是電視機上的天線，因為它可能會導電。

5. 打雷時不要洗澡，因為蓮蓬頭和水也會導電。

街上有人遊行

你在逛街的途中，前面的道路有警察管制，且有好多人拿著白布條抗議，好像有暴力的行為出現了。這時候，你該怎麼辦？

90

1 如果可以繞道的話，就從另外一條路經過。

2 萬一沒有別的道路或你不認識別的路時，就快步通過管制區，不要逗留。

3 在通過管制區時，不要發表個人的意見，也不贊同或反對。更不要好奇的留下來看熱鬧。

91

第四章
急救和危機處理

狗狗咬你

你和狗狗玩小皮球，狗狗太興奮了，竟然在搶球時，咬了你一口，你的小手開始流血了。這時候，你該怎麼辦？

94

1. 趕快先用肥皂和水清洗傷口。
2. 拿消過毒的紗布蓋在傷口上，並直接壓迫直到止血為止。
3. 在傷口上抹藥。
4. 用繃帶將傷口包紮起來。
5. 告訴爸媽發生的事。
6. 請問醫生你要做什麼步驟，來預防狂犬病或破傷風感染。

注意

如果你曾經被流浪狗咬過，要趕快通知捕狗機關，請他們立刻把那隻狗抓起來並帶去化驗，確定有沒有狂犬病毒，並要通知你的醫生。

95

蜜蜂螫你

在動物園中，一隻蜜蜂螫你的手臂，而且立刻紅腫疼痛。這時候，你該怎麼辦？

96

1. 用鑷子試著把刺拔出來。如果沒有鑷子的話，千萬不要用手強迫拔去它，否則反而會把刺中殘留的毒液擠到皮膚內。

2. 可先用乾淨的濕毛巾或濕手帕敷在傷口上，不僅可以減輕疼痛，還可緩和毒性漫延（用冰袋冰敷更好）。

3. 告訴大人並儘快到園中的急救站或醫療站檢查。

注　意

如果你對蜂螫過敏或同時被很多蜜蜂螫到，趕快找管理員、急救站或是到醫院急診室，在你還沒到達之前先用冷紗布減輕你的不適，到達後醫護人員會給你抗組織氨劑減輕你身體對蜂螫產生的不適反應。

97

流鼻血

哥哥上完空手道課後，很高興的要教你新招式，一不小心哥哥的腳踢到你的臉，你的鼻子就流血了。這時候，你該怎麼辦？

1. 趕快坐在椅子上靠著，讓頭微微向後仰，手按著鼻樑上的軟骨，大約五到十分鐘止血後才可放下來。
2. 在額頭放一條濕毛巾，你會覺得舒服一些，而且有助於止血。

99

膝蓋擦傷

你在學校的操場上玩躲避球，不小心跌倒，膝蓋破皮流血了。這時候，你該怎麼辦？

1. 用肥皂和清水洗手。

2. 用乾淨的手帕拍乾淨傷口附近。

3. 輕輕的用肥皂和水清洗傷口，不要用手直接碰觸傷口。

4. 用一片消毒過的紗布蓋在傷口上。

5. 在傷口附近塗上消炎藥膏。

6. 如果身邊沒有急救用品，儘快到醫務室（保健室）請護士阿姨幫你處理。

注意

只要皮膚破皮就很容易感染，所以如果傷口有紅腫發炎的現象，一定要馬上看醫生。

割傷手指

你到廚房切水果吃，在切西瓜時，不小心切到手指，無法止血。

這時候，你該怎麼辦？

1. 用肥皂和清水輕輕的清洗手指。
2. 在水龍頭下沖洗傷口。
3. 用一張乾淨面紙包好你的傷口。
4. 把手抬高到頭頂之上抑制血流或用直接壓迫法使其止血。
5. 止血之後抹藥並包紮傷口。

戳傷腳指

你在游泳池畔走路，一不小心踩到一根生鏽的鐵釘，雖然沒有很深，但是你把釘子拔出來後，傷口還是流血了。這時候，你該怎麼辦？

104

1. 輕壓傷口把血擠出來。
2. 用肥皂和水清洗傷口。
3. 到游泳池的醫務室抹藥並包紮傷口。
4. 告訴爸媽發生的事，可能你需要去打一針破傷風。
5. 不要小看傷口，如果繼續游泳的話，傷口很可能會受到細菌感染而發炎。

注意

如果傷口很深，就要去看醫生以預防感染。

105

手臂燒傷

姐姐在廚房煎蛋時，
突然她的袖子著火，
家裡又只有你和她。
這時候，你該怎麼辦？

1. 如果姐姐再跑來跑去，只會更助長火勢；叫姐姐躺下來滾動或用水潑她的袖子，火才容易熄滅。

2. 馬上關掉爐火。

3. 協助姐姐先將受傷的手放在水龍頭下，用大量的清水沖受傷的部位。

107

4 打 119 告訴他發生的事、你的姓名、你家住址。

5 將手泡在水中，小心的把袖子脫下來或用剪刀剪開，如果衣服黏在皮膚上，就不要拔開。

6 繼續泡在水中，並不斷的加入清水，以降低受傷部位的疼痛感及溫度，並安撫她救護車快來了。

108

不要自己幫姐姐抹藥或用紗布包起來。
切記燒燙傷之急救步驟：
1. 沖 — 用冷水沖傷口，以降低局部溫度。
2. 脫 — 在水中將傷口附近的衣物脫除。
3. 泡 — 將傷口繼續泡在流動的冷水中。
4. 蓋 — 用乾淨的毛巾蓋在傷口上。
5. 送 — 送醫急救。

化學藥品濺到眼睛

自然課做實驗時，你不小心把化學藥品濺到眼睛。這時候，你該怎麼辦？

110

1. 化學藥品對眼睛的殺傷力很強，在眼睛裡面停留越久傷害越大，所以要趕快做處理，稀釋它的毒性。

2. 拿一個大玻璃杯裝清水清洗眼睛。

3. 把頭微微傾斜，不要讓化學藥品跑進另一隻眼睛裡。

4. 清洗時盡量眨眼睛，讓化學藥品流出來。

5. 持續清洗十分鐘。

6. 告訴老師發生的事。

7. 到醫務室檢查眼睛。

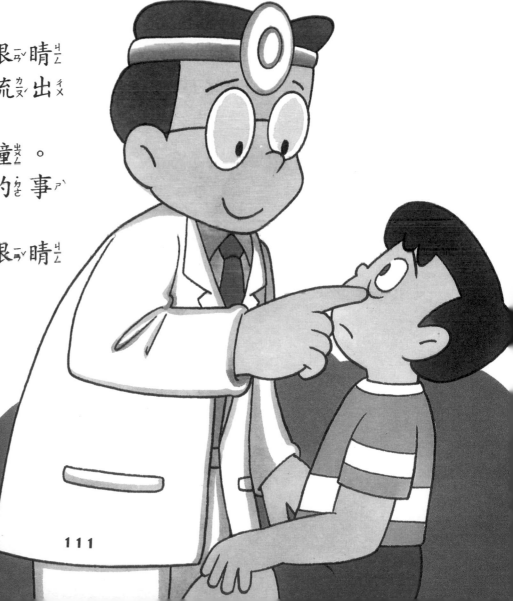

注意

下次做實驗時，記得要帶護目鏡保護眼睛。

111

眼睛裡有異物

在學校操場玩時，
一陣風突然吹起，
有沙子跑到你眼睛裡去了。
這時候，你該怎麼辦？

112

1. 千萬不要揉眼睛。
2. 照鏡子看眼睛裡面有什麼，一次一次慢慢來，把眼瞼翻開，看看有沒有砂子在裡面。
3. 如果有，試著用濕毛巾或濕手帕的一角把砂子撥出來。
4. 如果砂子不在眼瞼裡面，而是在眼睛裡面，那就不要去碰它。
5. 用清水輕輕洗眼睛。
6. 告訴老師發生的事，馬上去看醫生。

113

牙齒斷了

短跑比賽時，你跌倒了！臉撞到地上，起來後才發現有一顆門牙掉了。這時候，你該怎麼辦？

1. 請同學幫你找那顆牙齒。
2. 找到後，用冷水洗乾淨，不要用任何清潔劑或毛巾擦拭。
3. 把牙齒裝回原位，用手固定。
4. 如果無法固定，把牙齒用容器裝冷水浸著。
5. 牙齒若一直流血，就先到醫務室拿棉花咬住後，再去看醫生。
6. 帶著你的牙齒馬上去看牙醫。

頭部撞傷

你弟弟從鞦韆上摔下來，頭撞到地上昏倒了。
這時候，你該怎麼辦？

116

1 請旁邊的人幫忙打 119。
2 幫弟弟解開第一顆扣子，不要移動他。

3 給他蓋件衣服或保暖的覆蓋物、保持溫暖。

4 如果他的頭在流血，放消毒過的紗布或乾淨的手帕在他傷口上。

5 輕輕壓住傷口止血不要移動到他。

6 如果弟弟清醒過來，讓他靜靜躺著不要動，等救護車來。

7 打電話告訴爸媽所發生的事。

119

背部摔傷

爺爺從樓梯上跌下來，
傷到他的背和脖子，
而家裏只有你一個人在家。
這時候，你該怎麼辦？

120

1. 讓爺爺躺平不要站起來。
2. 打119告訴他發生的事、你的姓名、你家住址。
3. 幫爺爺解開第一顆釦子不要移動他。
4. 拿一條毯子蓋在爺爺身上使他保持溫暖。
5. 如果你家很難找，到巷子外面等醫護人員；如果你家不難找，待在家裡陪爺爺等醫護人員來。

119

121

腳踝扭傷

你在公園的溜冰場溜冰，不小心跌到地上且扭傷了腳踝，覺得右腳關節刺痛。這時候，你該怎麼辦？

1. 雖然你的右腳關節刺痛，可能骨頭還沒斷。
2. 如果你可以的話，一跛一跛慢慢走回家。
3. 製作一個冰袋。
4. 把右腳抬高放在椅子、板凳、腳墊上或躺下來把腳放在枕頭上墊高。
5. 用冰袋冰敷右腳減輕疼痛並可消腫。
6. 扭傷是最難好的，儘量避免施力在右腳，少走路並用彈性繃帶固定好右腳，這樣會好的快。

注　意

有時候從外觀上是無法看出是扭傷還是骨折，必須照X光才知道，所以如果你沒走路腳還是很痛，可能你是骨折了，要馬上去看醫生。

骨ㄍㄨˇ折ㄓㄜˊ

爸ㄅㄚˋ媽ㄇㄚ不ㄅㄨˋ在ㄗㄞˋ家ㄐㄧㄚ， 只ㄓˇ有ㄧㄡˇ你ㄋㄧˇ和ㄏㄢˋ弟ㄉㄧˋ弟ㄉㄧˋ在ㄗㄞˋ家ㄐㄧㄚ， 弟ㄉㄧˋ弟ㄉㄧˋ不ㄅㄨˋ小ㄒㄧㄠˇ心ㄒㄧㄣ從ㄘㄨㄥˊ樓ㄌㄡˊ梯ㄊㄧ上ㄕㄤˋ滾ㄍㄨㄣˇ下ㄒㄧㄚˋ來ㄌㄞˊ， 他ㄊㄚ告ㄍㄠˋ訴ㄙㄨˋ你ㄋㄧˇ他ㄊㄚ的ㄉㄜ手ㄕㄡˇ臂ㄅㄟˋ很ㄏㄣˇ痛ㄊㄨㄥˋ， 你ㄋㄧˇ想ㄒㄧㄤˇ他ㄊㄚ可ㄎㄜˇ能ㄋㄥˊ是ㄕˋ骨ㄍㄨˇ折ㄓㄜˊ了ㄌㄜ。 這ㄓㄜˋ時ㄕˊ候ㄏㄡˋ， 你ㄋㄧˇ該ㄍㄞ怎ㄗㄣˇ麼ㄇㄜ辦ㄅㄢˋ？

1 讓弟弟保持安靜，拿一條毯子蓋在他身上使他保持溫暖。

2 叫弟弟不要動，尤其是手臂更是不能亂動。

3 拿冰袋冰敷他的手臂減輕疼痛與消腫，不要想自己幫他接回骨頭。

4 弟弟覺得舒服一點後，馬上和爸媽聯絡。

5 如果無法聯絡到爸媽，請親戚、鄰居或朋友幫忙。

6 如果無法找到任何人幫忙，打119叫救護車。

注意

※ 如果骨頭斷掉刺破皮膚，且血流不止，用乾淨的布輕壓傷口止血。

※ 不要自行把骨頭推回去或清潔傷口。

※ 如果傷者是脖子、背部、臀部、骨盤骨折，千萬不要移動他。只可幫他止血，蓋毯子保持溫暖，立刻叫救護車。

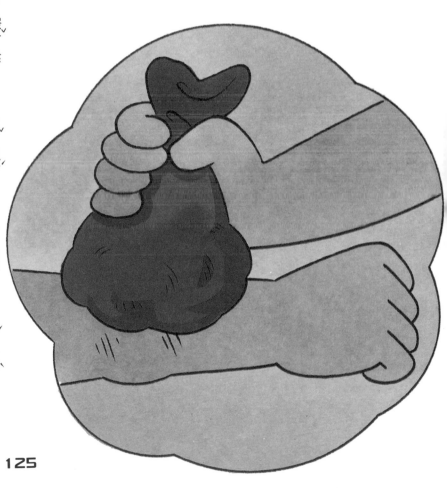

誤食藥物

只有你和弟弟在家，你專心在看電視節目，看完才發現弟弟不見了！你在媽媽的房間找到他，卻發現他把一整瓶的不明藥丸快吃完了。這時候，你該怎麼辦？

126

1. 把那個藥丸罐子留下來，這樣你的父母和醫生可以讀上面的說明，看弟弟到底吃了甚麼。

2. 打電話給醫生或119，拿著藥罐子念上面的說明給他們聽，並遵照他們給你的指示。

3. 把手指伸入弟弟嘴巴裡並壓他的舌根，讓他把吞進去的藥吐出來。

4. 119人員未到前，可以找認識的鄰居幫忙。

心臟病突發

你和爺爺在家，爺爺突然說他胸口痛，呼吸困難，你想爺爺可能是心臟病發作。這時候，你該怎麼辦？

128

1. 讓爺爺坐下或躺下來。

2. 如果爺爺以前曾有心臟病發作過的記錄，找出爺爺的藥，倒杯開水讓爺爺服下。

3. 打119解釋爺爺的情況，報上詳細住址。

4. 告訴爺爺救護車快來了。

5. 通知爸爸媽媽發生的事。

6. 陪爺爺安靜的等救護車來。

7. 幫爺爺解開領帶、袖鈕、皮帶使他呼吸順暢。

8. 如果爺爺在流汗，用毛巾幫爺爺擦汗。

9. 握住爺爺的手安撫他，等救護車來。

噎到喉嚨

你的朋友在你家吃酸梅，
不小心噎到喉嚨快窒息了。
這時候，你該怎麼辦？

130

1 一個人氣管被堵住時，不但不能說話，可能還會失去意識，要趕快問他讓他試著點頭或搖頭。

2 問他能不能說話，如果不能，可能氣管被堵住了。

131

3 如果他想咳卻咳不出來， 叫他把頭低下來試試看。

4 如果還是不行， 那就試試以下步驟：

△ 讓他坐在有椅背的椅子上。

132

△ 你站在椅子後面用雙手環繞他的胸前。

△ 一隻手握拳，另一隻手蓋住這隻手。

△ 使勁拉扯，讓你朋友肚子的氣跑上來，把酸梅吐出來。

133

溺水

你和朋友去游泳池游泳，他的妹妹一不小心掉下去且又不會游泳，而現場也沒有救生員在。這時候，你該怎麼辦？

1. 趕快告訴你的朋友並大聲呼救。
2. 如果她正好在池邊，伸手去將她拉上來。
3. 如果你沒辦法碰到她，拿一根棍子、竹子或長毛巾將她拉上來，不要太用力扯，否則她可能會拉不住。
4. 如果這個辦法不行，丟浮墊、木板或救生圈給她並叫她抓住，然後慢慢踢水划到池邊或請旁邊的大人救她

135

地震

爸媽去工作時，
你待在家裡看漫畫書，
突然一陣搖動，
你知道一定是地震了。
這時候，你該怎麼辦？

1. 避免被碎玻璃、重物打到，遠離窗戶、酒櫃、書架。
2. 躲到穩固的桌子或椅子下。
3. 搖動停止以後，才可以從桌子下面出來。
4. 你要檢查門窗有沒有損壞，記得要穿上鞋子保護雙腳。
5. 記得關上瓦斯、水龍頭及電源開關。

提前準備

第41頁危機處理備忘錄要隨時準備好，這樣地震來時或有其他情況發生時，才不會手足無措。

危機處理備忘錄

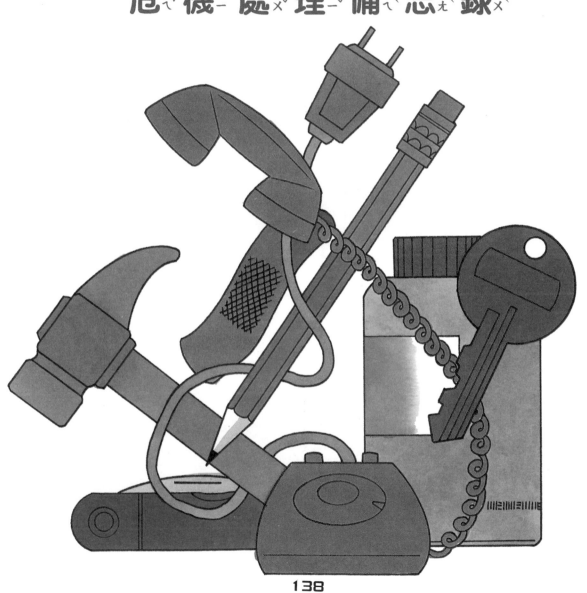

緊急事故電話號碼

注意： 影印此張紙， 寫上姓名及電話， 然後再影印一次， 這樣你就有足夠的清單， 在每個電話旁邊各放一張， 並且給每個孩子一份， 要他們放在書包、 皮夾或皮包裡。 別忘了要隨時修定。

① 緊急事故 _____

② 消防隊 _____

③ 派出所 _____

④ 救護車 _____

⑤ 家庭醫生 _____

⑥ 媽媽辦公室 _____

⑦ 爸爸辦公室 _____

⑧ 祖父母的家 _____

⑨ 親戚家 _____

⑩ 熟悉的鄰居 _____

⑪ 父母的好友 _____

⑫ 瓦斯公司 _____

⑬ 電力公司 _____

⑭ 自來水公司 _____

⑮ 水電行 _____

⑯ 獸醫 _____

⑰ 其他： _____

孩子們同學的電話號碼

	的同學們	
小朋友姓名	父母姓名	電話號碼

	的同學們	
小朋友姓名	父母姓名	電話號碼

	的同學們	
小朋友姓名	父母姓名	電話號碼

醫藥急救供應藥品清單

① 各種尺寸、各種大小的
可貼絆帶（ＯＫ絆）

② 消毒紗布數份

③ 5 公分寬繃帶一捲

④ 消炎藥水或藥膏
（處理一般割傷擦傷）

⑤ 急救藥膏
（處理一般皮膚痛癢）

⑥ 凡士林油

⑦ 冰袋或冰枕

⑧ 剪刀一把

⑨ 小鑷子一支

⑩ 口腔溫度計一支
（量舌下溫度）

⑪ 直腸溫度計一支
（量肛溫）

⑫ 量藥的小茶匙一支
或小量杯一個

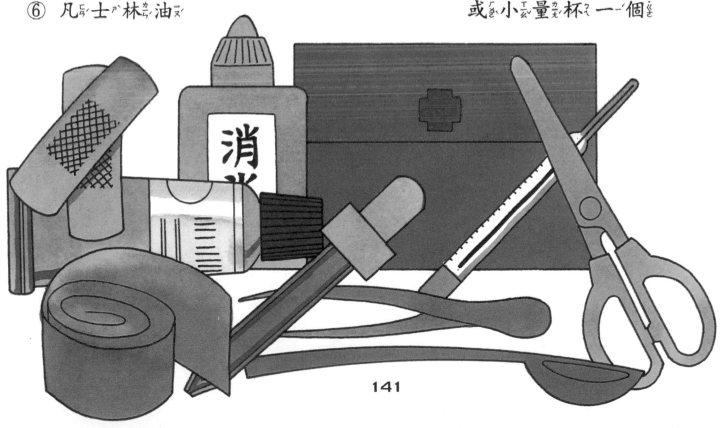

141

Metropolitan Culture Enterprise Co., Ltd.

4F-9, Double Hero Bldg., 432, Keelung Rd., Sec. 1,
TAIPEI 110, TAIWAN

Tel:+886-2-2723-5216   Fax:+886-2-2723-5220

e-mail:metro@ms21.hinet.net

國家圖書館出版品預行編目資料

孩童完全自救手冊：這時候，你該怎麼辦？
大都會文化編輯部/編著
-- --初版-- --
臺北市：大都會文化，2003〔民92〕
面：公分. -
ISBN 986-7651-05-7（平裝）
1.兒童急救 2.意外事故–防制 3.安全教育 4.急救
548.13   92012190

孩童完全自救手冊

這時候…你該怎麼辦？

作　　者：大都會文化　編著
插圖設計：林俊和

發 行 人：林敬彬
編　　輯：蔡佳淇、林嘉君
封面設計：像素設計　劉濬安
內文編排：林澄洋、劉濬安

出　　版：大都會文化 行政院新聞局北市業字第89號
發　　行：大都會文化事業有限公司
　　　　　110台北市信義區基隆路一段432號4樓之9
　　　　　讀者服務專線：（02）27235216
　　　　　讀者服務傳真：（02）27235220
　　　　　電子郵件信箱：metro@ms21.hinet.net
郵政劃撥：14050529　大都會文化事業有限公司
出版日期：2003年8月改版第1刷
定　　價：299元
I S B N：986-7651-05-7
書　　號：CS – 006